차가운 얼음의 땅, 러시아 사할린
얼어붙은 자작나무 숲에 조용히 귀를 기울이면
숨결같이 희미한 아리랑이 들려온다.

아리랑 아리랑 아라리요
아리랑 고개로 넘어간다…

일제강점기, 사할린으로 간 6만여 명의 조선 사람들,
강제징용으로 끌려가 끝내 고향으로 돌아오지 못한 사람들의 한 맺힌 노래다.
"얼어 죽고, 굶어 죽고, 고향에 가고 싶어 미쳐 죽었지."
열일곱 살에 머나먼 타국으로 끌려가야 했던 조선인 '김흥만'
고향에 돌아갈 날만을 기다리다 머리가 하얗게 세 버린 소년은
얼어붙은 자작나무 숲에서 몰래 고향 노래를 불렀다.

사할린 아리랑

정란희 글
양상용 그림

한울림어린이

1941년 5월, 모내기가 한창일 때였다.
일본 순사와 면에서 나온 이들이 흥만을 불렀다.
"딱 2년만 다녀오면 2천 엔을 갖고 올 수 있어. 부자가 될 수 있다니까."
"네가 안 가면 네 아버지가 가야 해."
"너만 가면 남은 식구들이 배불리 먹을 수 있는데…."
흥만은 눈앞이 깜깜해졌다.
농사를 짓는 족족 일본에게 공출로 빼앗겨
늘 굶주리던 어머니 얼굴이 새파래졌다.

"저는 안 갈랍니다."
흥만의 말에 일본 순사는 일본도를 만지작거리며 말했다.
"지금은 전쟁 중이야. 누구든 강제로 끌고 갈 수 있어."
그들은 토끼 사냥 작전을 쓰기도 했다. 한밤중에 마을을 포위하여
도망칠 길을 막고 집집마다 돌아다니며 조선 청년들을 찾아내 끌고 갔다.
말은 '모집'이었으나 사실은 강제 '징용'이었다.

"배고플 때 먹어라."
어머니는 밥으로 만든 가루 한 뭉치를
흥만의 옷 보따리에 넣으며 눈물을 훔쳤다.
"울지 마요. 곧 올 건데요, 뭘."
"꼭 살아 돌아오너라. 항상 몸조심하고…."
아버지가 어두운 얼굴로 말을 잇지 못했다.
어머니 치맛자락을 붙들고 있던 동생들은
화물 자동차가 출발하자 울음을 터뜨렸다.

"우린 어디로 갑니까?"
부산항에서 배에 옮겨 탔을 때 누군가 물었다.
네댓 명의 경비원들은 실실 웃으며 몽둥이를 휘둘렀다.
"군수물자 주제에 무슨 말이 많아? 가 보면 알 거 아냐?"
말보다 매가 먼저인 세상이었다.
끝없이 펼쳐진 바다처럼 흥만의 마음도 막막했다.

사할린에 끌려간 흥만은
다른 조선인들과 함께 탄광에 배치되었다.
하루 12시간, 때로는 15시간 넘게
헝겊 모자에 달아 놓은 전등 하나에 의지해
거의 벌거벗은 몸으로 작업해야 했다.
서고 엎드리고 누워서도 석탄을 캤다.
그날 할당된 목표량을 채우지 못하면
약속된 시간이 지나도 어두운 갱을 벗어나지 못했다.

지옥과도 같았다.
탄광에서는 붕괴, 낙석, 폭파 작업으로,
벌목장에서는 손발에 동상이 들어 청년들이 죽어 갔다.
철도 공사장에서는 침목 하나에 조선 청년 목숨 하나라는 말까지 있었다.

아프거나 병에 걸려도 쉬지 못했다.
일본 간부들은 열이 나서 일어날 수 없는 사람도
몽둥이로 후려쳐서 작업장으로 끌고 갔다.
"대일본제국의 승리를 위해 석탄 한 개라도 더 캐!"
"한 시간이라도 더 일해서 천황폐하의 은혜에 보답해라!"
하지만 일본이 일으킨 전쟁이었고, 일본인들의 천황이었다.
흥만과 같은 조선인들에겐 일본을 위해 목숨을 바치라는 말이 터무니없을 뿐이었다.

사할린의 겨울은 혹독했다.
아침에 일어나면 이불 위에 얼음이 맺혔다.
볼품없는 식사마저 꽁꽁 얼어 먹을 수 없었다.
사람들을 몰아넣은 숙소는 가축우리나 마찬가지였다.
겨울엔 눈과 바람이 그대로 들이쳤고,
여름엔 온갖 벌레와 빈대가 나올 정도로 더러웠다.

식사는 무가 들어간 된장국에 비린 생선죽,
때로는 콩이 섞인 보리밥 한 덩이었다.
몸이 아파 누우면 그나마도 주지 않았다.
흥만은 매일 굶주렸다.
풀뿌리나 쑥을 캐 먹기도 했다.
하루는 너무 배가 고파 호박을 따 먹었다가
몽둥이로 두들겨 맞았다.
그리고 다음 날에도 흥만은
피멍 들고 터진 몸을 이끌고 일하러 나가야 했다.

흥만은 더 이상 견딜 수 없어 도망치기로 했다.
하지만 얼마 못 가 붙잡혀 죽기 직전까지 몽둥이질을 당했다.
밥 한 숟갈, 물 한 모금 먹지 못하고
판자로 사방을 막은 독방에 몇 날 며칠을 갇혔다.
일본 사람들은 조선 사람들을 죄수처럼 감시했다.
'어머니가 보고 싶다, 집에 가고 싶다….'
바닥에서 주운 사금파리로 글씨를 쓰고 있을 때,
어느 방에선가 흐느낌 같은 희미한 노래가 흘러나왔다.

   아리랑 아리랑 아라리요
   아리랑 고개로 넘어간다

흥만은 눈물 속에 그 노래를 따라 불렀다.
동네잔치가 있을 때 어머니, 아버지가 흥겹게 부르던 노래였다.
동생들과 나무하러 갈 때 작대기를 두들기며 부르던 노래이기도 했다.

"2년이 지났으니 고향으로 돌아가겠소."
조선 사람들이 몰려가 탄광 직원들에게 말했다.
그러자 헌병들이 보란 듯이 소리쳤다.
"지금부터 재징용한다!"
"약속과 다르잖소. 난 고향으로 돌아가겠소."
흥만은 반항했다는 이유로 환경이 더 나쁜 곳으로 끌려가
극심한 노동과 감시에 시달렸다.

1945년, 일본이 항복했다. 일본은 전쟁에서 졌다.
"해방이다, 해방이야!"
"대한 독립 만세! 대한 독립 만세!"
흥만은 조선 사람들과 함께 만세를 불렀다.
"이제 고향에 갈 수 있어!"
"어머니, 조금만 기다리세요."

하지만 끔찍한 일들이 그들을 기다리고 있었다.

"조선 사람들 때문에 전쟁에서 졌다!"
"조선 사람은 모두 소련의 스파이야!"
일본군과 헌병은 조선 사람들을 학살할 계획을 세웠다.
자신들의 전쟁 범죄를 숨기기 위해서였다.
일본 사람들의 화풀이와 증오 범죄도 더해졌다.
수많은 조선 사람들이 일본군과 경찰에게, 그리고
군인도 경찰도 아닌 일본 사람들에게 학살 당했다.

카미시즈카 마을에선 일본 경찰이 조선 사람 18명을 경찰서에 모아 놓고
총을 쏘아 죽이고는, 불을 질러 태워 버렸다. 학살을 감추기 위해서였다.
홈스크 동쪽 미즈호 마을에서도 조선 사람 35명이 잔인하게 학살 당했다.
재향군인회와 청년단을 비롯해 일본 사람들은 헛소문을 퍼뜨리며
조선 사람들을 죽이자고 했다. 어린이도, 5개월밖에 안 된 젖먹이도 빼놓지 않았다.
흥만은 굴을 파고 숨어서 겨우 살아남았다.

"조선으로 가는 귀국선이 온대."
살아남은 조선 사람들은 사할린 남쪽에 있는 코르사코프 항에 모여들었다.
흥만도 터질 것 같은 기쁨을 안고 항구로 달려갔다.

마차 타고 오는 사람, 기차 타고 오는 사람, 어린아이를 업고 오는 사람,
식구들과 함께 봇짐을 지고 오는 사람…
코르사코프 항구는 사람 산이 되고 사람 바다가 되었다.

그러나 사할린을 먼저 떠난 건 일본 사람들이었다.
강제로 끌고 갈 땐 '너희도 일본 사람이야.' 하며 꾀어내더니
전쟁에 패하자 '너희는 조선 사람이야.' 하며
자기들만 서둘러 도망쳤다.
집으로 가는 배는 끝내 오지 않았다.
하염없이 바다만 바라보다 항구에서 얼어 죽은 사람도 있었다.
고향으로 가는 배를 기다리다 미쳐 죽은 사람도 있었다.
사할린에 끌려간 6만여 명의 조선 사람들은 끝내 고향으로 돌아가지 못했다.

흥만은 두 눈을 꼭 감았다.

어머니가 덩실덩실 춤을 추며
아리랑을 불렀다.
아버지도 크게 웃으며 손뼉을 쳤다.
코흘리개 동생들도 흥만을 보며 손짓했다.
눈썹이 하얗게 세 버린 흥만의 눈에서
하염없이 눈물이 흘렀다.

아리랑 아리랑 아라리요

　아리랑 고개로 넘어간다

　　나를 버리고 가시는 님은

　　　십 리도 못 가서 발병 난다

아리랑 아리랑 아라리요

아리랑 고개로 넘어간다

일본 패망 후 사할린에 남은 한인 4만 3천 명.
강제로 낯선 타국 땅에 끌려가
고향에 돌아갈 날만을 기다렸던 사람들.
그들이 바다 건너 고국을 향해 부른 노래는
고통과 기다림의 노래였다.

소년 흥만이 차가운 겨울 숲에서
늙어 버린 몸을 기대던 자작나무의 꽃말은,
"당신을 기다립니다."
고향엔 평생 그를 기다리다 죽은 어머니가 있었다.

차가운 얼음의 땅 러시아 사할린
얼어붙은 자작나무 숲에서 가만히 눈을 들어 보면
숨결 같은 아리랑이 눈물처럼 흩날린다.
고향에 돌아가지 못한 수많은 김흥만들의 그리움이
오늘도 말없이 자작나무 숲에 쌓이고 있다.

작가의 말

"얼어 죽고, 굶어 죽고, 고향에 가고 싶어 미쳐 죽었지."

일제강점기, 동토의 땅 사할린에 끌려가 강제노동에 시달린 조선인들이

6만 명이 넘는다. 그들은 최소한의 인권도 보장 받지 못했다.

보리밥 한 덩이에 늘 허기졌고 온갖 체벌과 고통 속에서

곡괭이로 산을 깎아 철도와 도로를 놓아야 했다.

수시로 무너지는 탄광에서 석탄을 캐고,

영하 40도가 넘는 추위 속에서 벌목을 하다 죽어 갔다.

도망치다가 걸리면 고문과 학대는 더욱 심해졌다.

추위에 얼어붙은 숙소는 조선인들이 도망치지 못하게 감시하는 수용소였다.

큰돈을 벌게 해 주겠다며 끌고 갔지만 실제로 주어진 돈은 없었다.

밥값, 옷값, 담뱃값 등의 이름으로 대부분 빼앗아 갔고,

세금, 국방헌금, 보국저금, 노무저금 등의 이름을 붙여 뜯어 갔다.

군사채권, 전시보국채권 등을 강제로 팔기도 했다.

강제로 저금시키면 도망을 막을 수 있다고 생각해서였다.

통장은 감독관이 보관해 준다며 가져갔지만 전쟁이 끝나고도 돌려주지 않았다.

일본인들은 전쟁에 패하고 사할린에서 도망치면서

조선인들을 잔인하게 학살하기도 했다.

희생자 가운데는 어린이도 여섯 명이나 되었다.

그중에는 생후 5개월밖에 안 된 젖먹이도 있었다.

"조선에서 나와 함께 끌려온 일흔여덟 명 중 살아남은 사람은 겨우 다섯뿐이었어."

내가 만난 강제징용 피해자의 말이다.

일본은 온갖 고생 끝에 살아남은 조선인들에게 '곧 조선인을 태우고 갈

귀국선이 올 거야.'라는 거짓말을 남기고 자기들만 도망치듯 떠나 버렸다.

사할린 남쪽 코르사코프 항구에서 고향에 갈 배를 하염없이 기다리다

미쳐 죽은 사람도 있었다. 가난한 식민지 백성으로 강제로 끌려가

노역에 시달리면서도 잠시도 조국을 잊어 본 적 없는 사람들.

조국도 이들에게 집에 갈 수 있는 배 한 척 보내지 않았다.

끝내 고향으로 돌아오지 못한 사람들이 그곳에 있었다.

사할린 아리랑은, 일제 강점하 머나먼 낯선 땅으로 끌려간 한인들의 눈물이자,

이제는 우리가 함께 불러야 할 아픈 역사의 노래이다.

낯선 땅 사할린에서 평생 고국을 그리워하다 돌아가신 강제징용 피해자들과

이중징용으로 한 맺힌 삶을 사신 영혼들의 영전에 이 책을 바친다.

사할린 아리랑이 아픔과 눈물의 노래가 아니라
기쁨과 환희의 노래로 함께 불려질 날을 고대하며

예버덩문학의집에서

정란희

정란희

전라남도 무안에서 태어났어요. 어린 시절, 선생님에게 '동토의 땅 사할린에는
아직도 조국으로 돌아오지 못하는 동포가 있단다.' 하는 이야기를 들었어요.
너무 슬퍼 눈물이 났죠. 그때부터 그들을 위로하는 글을 쓰고 싶었어요.
서울예술대학교에서 극작을, 단국대학교 대학원에서 아동문학을 전공했어요.
국제신문 신춘문예에 동화 〈우리 이모는 4학년〉이 당선되면서 본격적으로 작품 활동을 시작했어요.
그동안 쓴 책으로는 《단추 마녀의 수상한 식당》을 비롯한 단추 마녀 시리즈와
《행운 가족》《우리 가족 비밀 캠프》《우등생 바이러스》《아빠는 슈퍼맨 나는 슈퍼보이》
《슈퍼보이가 되는 법》《우리 형이 온다》 등이 있고, 청소년 소설로는 《엄마의 팬클럽》이 있어요.
2015년 평화인권문학상을 수상한 작가는 《나비가 된 소녀들》《무명천 할머니》
《하늘의 독립군 권기옥》《오월의 주먹밥》 등의 작품을 통해
평화와 인권, 우리의 역사에 대해 이야기하고 있어요.

양상용

전라남도 화순에서 나고 자라 홍익대에서 동양화를 공부했습니다.
지금은 경기도 파주에 살면서 어린이 책에 그림 그리는 일을 하고 있어요.
《아빠하고 나하고 봄나들이 가요》를 비롯한 〈아빠하고 나하고〉 시리즈를 쓰고 그렸으며,
정란희 작가와 호흡을 맞춘 《무명천 할머니》를 비롯하여 《세상에서 가장 무서운 호랑이》
《돌그물》《모두 다 친구야》《풀아 풀아 애기똥풀아》《냇물에 뭐가 사나 볼래?》 등의 그림책과
《밤티 마을 큰돌이네 집》을 비롯한 〈밤티 마을〉 시리즈, 《무서운 학교 무서운 아이들》《넌 아름다운 친구야》
《까마귀 오서방》 등의 동화와 동시집 등 여러 권의 어린이 책에 그림을 그렸습니다.